AF497977

Vente du Samedi 12 Décembre 1868

MEUBLES D'ART

EN ÉBÈNE INCRUSTÉ D'IVOIRE

BEAUX BRONZES LOUIS XV ET LOUIS XVI

EXPOSITION PUBLIQUE

Le Vendredi 11 Décembre 1868

Mᵉ CHARLES PILLET
COMMISSAIRE-PRISEUR
Rue de la Grange-Batelière, 10.

M. J.-M. DHIOS
EXPERT
Rue Le Peletier, 33

PARIS — 1868

RENOU & MAULDE

IMPRIMEURS DE LA COMPAGNIE DES COMMISSAIRES-PRISEURS

Rue de Rivoli, 144.

CATALOGUE

DE

MEUBLES D'ART.

EN ÉBÈNE INCRUSTÉ D'IVOIRE

D'ARTISTES MILANAIS

Meubles à deux corps, Bureaux-Cabinets, Tables de milieu
Canapés, Siéges, Cabinets, Coffrets, etc.

BEAUX BRONZES LOUIS XV ET LOUIS XVI

PENDULES, CANDÉLABRES, GIRANDOLES
LANTERNES, ETC.

Bois sculptés : Consoles, Miroirs,
Meubles en marqueterie de bois de Maggiolini, Terres cuites
Fers forgés, Cuivres repoussés, Tapisseries

DONT LA VENTE AUX ENCHÈRES PUBLIQUES AURA LIEU

HOTEL DROUOT, SALLE N° 2

Le Samedi 12 Décembre 1868

A DEUX HEURES PRÉCISES

Par le ministère de Me **CHARLES PILLET,** Commissaire-Priseur,
rue de la Grange-Batelière, 10,
Assisté de M. **J.-M. DHIOS**, Expert, rue Le Peletier, 33.

EXPOSITION PUBLIQUE

LE VENDREDI 11 DÉCEMBRE 1868

DE UNE HEURE A CINQ HEURES

PARIS — 1868

CONDITIONS DE LA VENTE

———

Elle sera faite au comptant.

Les Acquéreurs paieront CINQ POUR CENT en sus du prix d'adjudication.

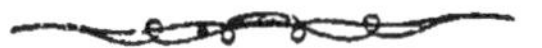

DÉSIGNATION

MEUBLES D'ART

EN MARQUETERIE D'IVOIRE SUR ÉBÈNE

1 — **Grand Meuble à deux corps, en marqueterie d'ivoire sur ébène.**

Le milieu s'ouvre par une porte s'abattant, formant secrétaire, et ornée d'une grande plaque d'ivoire gravé représentant Vénus demandant à Vulcain des armes pour Énée. La partie supérieure est à deux vantaux, décorés de belles plaques à médaillons mythologiques encadrés de cariatides, d'Amours, de vases à parfums et d'animaux chimériques. La partie basse s'ouvre à un tiroir et à deux portes avec plaque représentant l'Enfance de Bacchus. Tous ces motifs principaux sont encadrés de frises et de rosaces entremêlées d'animaux chimériques, de corbeilles de fruits, de têtes mascarons, toutes incrustations d'une étonnante variété et d'une grande délicatesse.

2 — **Autre Meuble analogue au précédent, reproduisant les même plaques d'ivoire gravé à sujets mythologiques et les mêmes motifs d'ornementation en ébène incrusté sur ivoire.**

3 — Beau Meuble à deux corps de forme monumentale,
en ébène et ivoire en relief.

La partie basse est à deux vantaux orné~ de
médaillons représentant des jeux d'Amours, et, à
un tiroir décoré de frises et têtes de mascarons en
ronde-bosse. La partie supérieure est à trois
portes; celle du milieu, cintrée du haut, offre une
figurine de femme dansant sous un dais à balda-
quin, et découvre, en s'ouvrant, une niche à cinq
tiroirs superposés. Aux portes des côtés sont de
petits Amours encadrés de frises. Ce meuble est
couronné par un fronton à armoirie avec galeries
à balustres. Tous les ornements sont d'ivoire
sculpté en relief et à jour.

4 — Meuble à deux corps, en ébène et ivoire. La partie
supérieure, surmontée d'un fronton à armoirie
et de galeries à balustres, est à trois portes et trois
tiroirs. La porte du milieu, de forme monumentale, est ornée d'une figurine représentant la
Poésie et laisse voir, en s'ouvrant, une niche à
six tiroirs superposés. La partie basse s'ouvre à
un tiroir et à deux vantaux ornés de médaillons
représentant des sujets mythologiques. Ce beau
meuble est couvert d'ornements, rosaces et mascarons d'ivoire en relief et de nombreuses frises
et médaillons en ébène gravé et incrusté sur
ivoire.

5 — Bureau-Cabinet en ébène et ivoire couvert d'incrustations : frises, rinceaux, animaux chimériques
et médaillons. Ce joli meuble repose sur quatre
pieds à balustre reliés en x. La partie supérieure
s'ouvre à quatre portes et six tiroirs.

6 — Belle table de milieu à quatre faces en ébène et
ivoire. Le dessus est décoré d'une grande plaque
d'ivoire gravé représentant Jupiter et Junon en-
tourés des dieux de l'Olympe et de six médaillons
à sujets mythologiques alternés de rinceaux à
chimères et ornements variés.

7 — Table à quatre faces, en ébène et ivoire, à pieds à
balustre reliés en x. Sur le dessus, au centre, est
une plaque en ivoire gravé représentant une
chasse au buffle. Cette plaque est encadrée de
rinceaux à feuillages, de filets, de rosaces incrus-
tés sur ébène alterné de palissandre.

8 — Table à quatre faces décorée, au centre, d'une
grande plaque d'ivoire gravé représentant le
Triomphe d'Amphitrite avec encadrement de
filets à perles de nacre; aux angles des médaillons figurant des jeux d'enfants.

9 — Autre semblable à la précédente.

10 — Un canapé en ébène et ivoire. Le dossier est divisé
en trois compartiments séparés par des montants
à balustre et ornés de plaques en ivoire gravé
représentant des personnages en costume du
XVIe siècle, placés sous des portiques à rinceaux
et feuillages.

11 — Deux Fauteuils analogues au Canapé.

12 — Six Chaises à dossiers à jour, surmontés de frontons
en bois sculpté et ornées de médaillons à figurines
d'Amours, de frises à rinceaux. Vases. Cariatides, etc.

Elles seront vendues par deux.

13 — Petit Cabinet italien sur sa table-console en ébène incrusté d'ivoire. Porte à deux battants ornées de figures d'empereurs romains à cheval avec encadrements à rinceaux. A l'intérieur, porte décorée d'une plaque représentant la Musique, et douze tiroirs couverts de frises au milieu desquelles se jouent des animaux chimériques.

14 — Petit Cabinet italien à huit tiroirs et porte monumentale à colonnes, avec plaque en ivoire gravé représentant une Nymphe.

15 — Petit Cabinet à portes et tiroirs en marqueterie d'ivoire sur noyer. — Travail dit Certosina.

16 — Cabinet à tiroirs en marqueterie de bois, époque Louis XIII.

17 — Table d'architecte, ornée au centre d'une grande rosace encadrée de plusieurs autres. — Travail dit Certosina.

18 — Deux Chaises en marqueterie d'ivoire, dite Certosina, à rosaces et ornements à damier.

19 — Petit Coffret en marqueterie d'ivoire sur noyer. — Travail dit Certosina.

20 — Corbeille de bureau, de même travail.

21 — Petit Coffret en certosina.

MEUBLES DE MAGGIOLINI

22 — Petite Table en marqueterie de bois, à nuances variées, supportée par quatre pieds cannelés. — Travail italien de Maggiolini.

23 — Autre Table semblable à la précédente.

24 — Jolie Commode en marqueterie de bois, de nuances variées, ornée de médaillons à figures mythologiques, de frises d'arabesques et d'ornements à feuillages.

25 — Jolie Commode en marqueterie de bois, ornée de médaillons à figures mythologiques, de frises, d'arabesques et d'ornements à feuillages.

26 — Une Table de nuit en marqueterie de bois, ornée de dauphins, frises, vases et ornements.

27 — Autre Table de nuit.

BRONZES LOUIS XV ET LOUIS XVI

28 — Jolie Pendule du temps de Louis XVI, en bronze ciselé et doré. Le cadran est entouré de tiges de laurier et surmonté d'un vase-cassolette. D'un côté une figurine d'Amour tenant un oiseau, de l'autre une cage.

29 — Deux grands et beaux Candélabres du temps de Louis XVI, formés d'un bouquet de tulipes à cinq lumières, reposant dans des vases de forme ovoïde en marbre blanc.

30 — Deux Bustes en bronze : Jésus enfant et la Vierge, avec socles en bronze ciselé et doré du temps de Louis XVI.

31 — Une paire de Girandoles à trois branches et Vases à flammes en bronze ciselé et doré du temps de Louis XVI.

32 — Une paire de Girandoles à deux lumières en bronze ciselé et doré du temps de Louis XVI.

33 — Une paire de Girandoles à trois branches en bronze ciselé et doré, époque Louis XV. Grand et beau modèle du meilleur goût et d'une parfaite conservation.

34 — Grande Lanterne d'antichambre en bronze ciselé et doré ; belle pièce du temps de Louis XV.

35 — Autre Lanterne plus petite et de même époque que la précédente.

36 — Deux Pommeaux de rampe d'escalier en bronze ciselé et doré, époque Louis XIV.

37 — Petite Pendule Louis XIV, forme dite Religieuse, en bronze ciselé, gravé et doré, avec son socle-support en ébène et ornements à feuillages en bronze, très-finement ciselé et doré.

38 — Pendule, forme dite Religieuse, avec ornements et cariatides en bronze ciselé et doré.

39 — Une paire de Girandoles à deux branches, en cuivre argenté et gravé, époque Louis XV.

40 — Pendule du temps de Louis XVI, en marbre blanc, imitant un rocher sur lequel est une statuette de Diane endormie et divers ornements en bronze ciselé et doré. — Socle en marbre noir avec frise d'enfants en bronze ciselé et doré.

BOIS SCULPTÉS

41 — Une belle Console en bois sculpté, peint et doré, supportée par une statuette d'Enfant debout sur une coquille. — Élégant travail italien dans le style de Louis XIV.—Dessus en velours grenat.

42 — Autre Console semblable à la précédente.

43 — Une jolie Table de nuit en bois de noyer sculpté, de forme très-élégante, époque Louis XV.

44 — Une Chaise-Prie-Dieu en bois sculpté et doré avec coussin en velours grenat; fin Louis XIV.

45 — Quatre Miroirs d'applique à encadrements sculptés et dorés du temps de Louis XIV; ils seront vendus par deux.

46 — Deux petits Miroirs italiens à encadrements en bois sculpté et doré; époque Louis XIV.

47 — Petit Miroir à encadrement en cuivre repoussé; fronton à coquille.

OBJETS DIVERS. — TAPISSERIES

48 — Terre cuite : buste de jeune Garçon. — Travail français de la fin du xviiiᵉ siècle.

49 — Buste d'Enfant: terre cuite de la même époque.

50 — Terre cuite : Statuette de petite Fille tenant des roses; fin du xviiiᵉ siècle.

51 — Fontaine italienne en cuivre jaune, à couvercle; deux anses à cariatides et goulot à mufle de lion.

52 — Autre Fontaine à anses mobiles.

53 — Plateau ovale en cuivre repoussé et argenté; au centre, une figure mythologique.

54 — Autre Plateau du même genre.

55 — Plat en étain dans le goût de Briot.

56 — Deux Lampes modérateurs en porcelaine du Japon, monture en bronze.

57 — Lustre en fer forgé et peint.

58 — Environ trente pièces d'appliques en fer forgé, à deux et trois lumières.

Seront divisées.

59 — Deux Tapisseries des Flandres du XVIe siècle, à personnages.

60 — Trois Coupons, ancienne soierie Pompadour.

Renou et Maulde, imprimeurs de la Compagnie des Commissaires-Priseurs, rue de Rivoli, 144.   19942

www.ingramcontent.com/pod-product-compliance
Lightning Source LLC
LaVergne TN
LVHW051346200726
843510LV00002B/848